Guía de lectura

Escrita por Claire Cornillon
Traducida por Marta Sánchez Hidalgo

Esperando a Godot

de Samuel Beckett

SAMUEL BECKETT

NOVELISTA, POETA Y DRAMATURGO INGLÉS

- **Nacido en 1906 en Dublín (Irlanda)**
- **Fallecido en 1989 en París (Francia)**
- **Algunas de sus obras:**
    - *Molloy* (1951), novela
    - *Esperando a Godot* (1952), obra de teatro
    - *Fin de partida* (1957), obra de teatro

Samuel Beckett es un escritor irlandés nacido en Dublín en 1906. Es lector de inglés en la Escuela normal superior de París en 1928-1929 y más tarde se instala en la capital francesa en 1938. En 1945 empieza a escribir obras en francés como su novela *Molloy* (1951) o la obra de teatro *Esperando a Godot* (1952).

Samuel Beckett, premio Nobel de Literatura en 1969, es un escritor importante del teatro del absurdo y describe con un humor muy negro la decadencia y ociosidad del hombre moderno. Muere en 1989.

ESPERANDO A GODOT

LO ABSURDO COMO CONDICIÓN DEL HOMBRE MODERNO

- **Género:** teatro del absurdo
- **Edición de referencia: Beckett, Samuel. 1995.** *Esperando a Godot.* Traducido por Ana Mª Moix. Barcelona: Fábula Tusquets Editores
- **Primera edición:** 1949
- **Temáticas:** espera, inactividad, búsqueda del sentido, desesperación

Esperando a Godot, publicada en 1952 e interpretada en 1953 en el teatro Babylone de París en una representación de Roger Blin, es la obra más conocida de Samuel Beckett. Dos hombres, Vladimir y Estragón, esperan en vano a un tal Godot, que nunca llegará. Dan vueltas, intentan matar el aburrimiento y la desesperación con la ilusión de un lenguaje que no es más que una conversación superficial. A pesar de las reacciones a veces violentas en la época de la escritura de la obra, que confunde y perturba, se ha convertido en un éxito internacional.

RESUMEN

La obra está dividida en dos actos. Representa la crisis del personaje, puesto que los cuatro protagonistas en el escenario no hacen nada y no tienen ningún objetivo, salvo esperar a Godot, que es el gran ausente de la obra. Además, los acontecimientos se repiten sin cesar y no dejan entrever ninguna evolución.

PRIMER ACTO

Una noche, en un «camino en el campo, con árbol» (Beckett 1995, 11), se encuentran dos vagabundos en harapos: Vladimir y Estragón. Estragón ha pasado la noche en una fosa y le han pegado, tal y como le cuenta a su amigo cuando se encuentran. Los dos compañeros discuten y se reconcilian. Hablan de todo y de nada.

Como todos los días, esperan a Godot, que les ha dicho que tal vez vendría. Estragón se duerme y Vladimir lo despierta porque se siente solo. Estragón quiere contarle su sueño, pero Vladimir se niega. Una nueva discusión, una nueva reconciliación. Piensan en ahorcarse, pero Estragón concluye: «No hagamos nada. Es lo más prudente» (Beckett 1995, 25).

Entran Pozzo y Lucky, los dobles invertidos de Vladimir y Estragón. Pozzo come y charla con Vladimir y Estragón. Éstos intentan hablar a Lucky, pero no responde. Vladimir y Estragón compadecen al criado maltratado por su amo, pero tras un discurso patético de Pozzo, la situación cambia por completo y nuestros dos amigos acusan a Lucky de ser cruel con él. Lucky obedece las órdenes que le dan, baila, luego da un largo discurso seudocientífico y filosófico muy confuso. Lucky y Pozzo terminan yéndose.

Entra un niño que anuncia a Vladimir y a Estragón que el señor Godot no irá, pero que puede que vaya a la mañana siguiente. El acto acaba con esta réplica de Vladimir: «Vayamos» (Beckett 1995, 87), y a la que sigue la acotación: «No se mueven» (*ib.*).

SEGUNDO ACTO

A la mañana siguiente, a la misma hora y en el mismo lugar, Vladimir y Estragón se vuelven a encontrar tras una separación: «El árbol está cubierto de hojas» (Beckett 1995, 91). A Estragón le han vuelto a pegar y los dos amigos discuten para saber si deberían separarse, pero la discusión no lleva a nada.

Estragón no se acuerda de lo que hicieron la noche anterior, así que Vladimir le hace preguntas para refrescarle la memoria. Juegan a imitar a Pozzo y a Lucky. Como piensan que alguien llega, hacen guardia.

Pozzo y Lucky vuelven a entrar, pero esta vez el amo está ciego. «¿Qué hacemos aquí?, éste es el problema a plantearnos. Tenemos la suerte de saberlo. Sí, en medio de esta inmensa confusión, una sola cosa está clara: estamos esperando a Godot», dice Vladimir (Beckett 1995, 128).

Pozzo y Lucky se van antes de que el niño vuelva. Es el mismo que la noche anterior, nos indica la acotación y, sin embargo, asegura ser otra persona. Godot no irá esa noche, pero puede que vaya a la mañana siguiente, explica a Vladimir y Estragón.

Los dos amigos vuelven a pensar en ahorcarse. Esta vez quien dice «Vamos» es Estragón, y la acotación indica lo mismo que la primera vez: «No se mueven» (Beckett 1995, 155). Se baja el telón.

ESTUDIO DE LOS PERSONAJES

VLADIMIR Y ESTRAGÓN

La obra da pocos indicios de sus dos personajes principales. Son vagabundos vestidos con «harapos» (Beckett 1995, acto I, 16). Los dos llevan bombín. Pozzo calcula que tienen unos 60-70 años (Beckett 1995, acto I, 41) y Vladimir cree que acompaña a Estragón desde hace unos 50 años (Beckett 1995, acto I, 86).

En las conversaciones mencionan algunos elementos de su pasado. Por ejemplo, sabemos que un día hicieron la vendimia en la zona del Vaucluse (Beckett 1995, acto II, 98). Pero no se sabe mucho más.

Los dos personajes son como un dúo cómico. Estragón es torpe, suele perder el equilibrio y es objeto de los chistes visuales como por la dificultad de quitarse el zapato, por ejemplo. No se acuerda de nada, ni siquiera de lo que ha hecho el día anterior. Vladimir, por el contrario, se acuerda de los acontecimientos. Hace preguntas a Estragón, suele conducir el diálogo y puede incluso dar discursos más largos. Ha leído la Biblia, de la que habla a su amigo al principio del primer acto. Estragón lo escucha a veces distraídamente.

Los dos son característicos de los personajes de Beckett, que siempre están discapacitados físicamente. Es el mismo caso de, por ejemplo, *Fin de partida*. Son más bien variaciones de un mismo modelo y no actantes de un esquema de comunicación forzosamente incompleto puesto que la intriga de la obra no avanza. Estragón y Vladimir no progresan, dan vueltas sin cesar a las mismas ideas y no llegan a ningún sitio. Llenan el vacío de sus vidas interpretando personajes, juegan a pelearse y a reconciliarse, se divierten imitando a Pozzo y a Lucky, pero no actúan realmente. Lo único que hacen es hablar.

POZZO Y LUCKY

Son el segundo dúo de la obra. También están en la carretera y pasan por el mismo sitio. Sin embargo, representan un tipo de dobles invertidos de Vladimir y Estragón. Ellos también llevan bombines. Pozzo lleva gafas. Estragón y Vladimir están unidos por su amistad y se apoyan mutuamente mientras que el dúo Pozzo-Lucky está fundado en una relación de fuerzas ambigua, que parece que en cualquier momento podría invertirse.

Pozzo es el amo. Tiene a Lucky atado con una cuerda al cuello y lo fuerza a avanzar con un látigo. El criado lleva «una pesada maleta, una silla plegable, un cesto de provisiones y un abrigo, en el brazo» (Beckett 1995, acto I, 32). Pozzo insulta a su criado, lo llama cerdo constantemente y no deja de darle órdenes. Pero también depende de Lucky, en particular en el segundo acto cuando se encuentra de nuevo a Vladimir y Estragón y está ciego.

Lucky es un personaje que reúne los dos extremos del lenguaje: el silencio y la charla vacía. Su discurso seudocientífico es un galimatías. Está sometido a su jefe, llora, pero también es agresivo cuando Estragón le ofrece un pañuelo. Parece viejo: «En otro tiempo bailaba la farándola, la almea

[...]. Ahora ya sólo hace eso [...]», dice Pozzo (Beckett 1995, acto I, 62).

Pozzo pronuncia largos monólogos, palabras siempre vacías, como en la parodia del discurso lírico sobre el cielo:

> («Su voz se vuelve cantarina). Hace una hora (consulta el reloj, tono prosaico) aproximadamente (de nuevo tono lírico), después de habernos enviado desde (duda, baja la voz) digamos las diez de la mañana (alza la voz) sin disminuir los torrentes de luz roja y blanca, ha empezado a perder su brillo, a palidecer» (Beckett 1995, acto I, 57-58).

Pozzo y Lucky son personajes ambivalentes que representan facetas de la condición humana, la relación con el prójimo, la cuestión del poder y, como todos los personajes de Beckett, la relación con el lenguaje.

EL NIÑO

Interviene dos veces para avisar a Vladimir y a Estragón de que el señor Godot no irá. La segunda vez no se acuerda de haber ido el día anterior. Trabaja para el señor Godot y le cuida las cabras. Su hermano cuida las ovejas.

CLAVES DE LECTURA

LO ABSURDO

Jacques Lemarchand, crítico del *Figaro Littéraire*, en sus artículos relaciona a Samuel Beckett, Eugène Ionesco y Arthur Adamov con la denominación «teatro del absurdo», algo que los tres autores nunca reivindicaron. Después de los traumas de la Segunda Guerra Mundial y del desencanto de un siglo XX en el que Dios habría muerto, según las palabras de Nietzsche, filósofos como Jean-Paul Sartre y Albert Camus destacan el término *absurdo* que define, según ellos, la condición del hombre moderno condenado a buscar en vano el sentido de la existencia.

El Godot al que esperan Vladimir y Estragón se ha podido interpretar como una figura de Dios (*God* significa «Dios» en inglés), pero Beckett siempre rechazó este análisis. Para él, la obra tiene múltiples interpretaciones y el nombre de Godot podría también relacionarse con «godillot» (bota militar en francés), en referencia a los zapatos de Estragón, como imagen de lo irrisorio.

Es cierto, en todo caso, que la obra desbarata las convenciones del teatro clásico llevando a la práctica:

- una acción que no avanza («No ocurre nada, nadie viene, nadie se va. Es terrible», dice Estragón en el primer acto, Beckett 1995, 66);
- diálogos fundados en los detalles, lo cotidiano y la repetición, que no hacen progresar la intriga.

La obra se compone de dos actos y, como muchas de las obras modernas, no está dividida en escenas. Los dos actos son dos cuadros, como las dos caras de un espejo. La obra es una larga espera, un camino hacia la nada y hacia ningún lugar, y en eso refleja las particularidades del absurdo.

EL LENGUAJE

Como no ocurre nada en la obra, la única acción es la palabra, pero se trata de un lenguaje desesperado que existe solamente para llenar el vacío de la existencia. Estragón propone así: «Entretanto, intentemos hablar sin exaltarnos, ya que somos incapaces de callarnos» (Beckett 1995, acto II, 99). Vladimir le responde: «Es cierto, somos incansables». Y Estragón añade: «Es para no pensar» (Beckett 1995, acto II, 100).

De esta forma, incluso cuando el diálogo ofrece la posibilidad de informar, como cuando el niño va a avisar a Vladimir y Estragón, tiene obstáculos: los dos compañeros acosan al niño para que hable, y cuando se dispone a hacerlo, lo interrumpen y le impiden decir lo que iba a decir. El lenguaje es sólo el reflejo del vacío: es incapaz de dar cuentas de la realidad y está ahí para pasar el rato.

REPETICIÓN Y ESPERA

La obra se desarrolla en una especie de no lugar y en un tiempo indefinido. El único elemento de decoración es un árbol, el único que indica el paso del tiempo: las hojas crecen por la noche.

Aparte de eso, el tiempo parece suspendido. Los personajes están en medio de ningún lugar y sólo esperan. Pierden la noción del tiempo y cada día es un eterno nuevo comienzo. Los diálogos y las situaciones se repiten a menudo.

Hay un rechazo a cualquier posibilidad de acción. Incluso la muerte, que sería el único medio para salir de este ciclo sin fin, sólo la contemplan los dos compañeros, pero nunca tiene lugar. Para llenar este vacío, lo único que les queda es hablar. Los diálogos, insignificantes y repetitivos, nunca avanzan. Siempre Son las mismas falsas discusiones y reconciliaciones.

Por otro lado, los objetos tienen una gran importancia: los fragmentos mudos de manipulación de objetos, como los zapatos o el sombrero que va de una cabeza a otra, son manifestaciones del vacío y de la ausencia de sentido y de finalidad.

LO TRÁGICO Y LO CÓMICO

Lo trágico está irremediablemente unido a lo cómico: «Nada tan divertido como la desgracia [...] es lo más cómico del mundo», dice Nell en *Fin de partida*, otra obra importante de Beckett.

Lo cómico de la obra suele apoyarse en los juegos de escena como el pasaje del interminable intercambio de sombreros (Beckett 1995, acto II, 115-116). También viene de situaciones y diálogos entre personajes a menudo caricaturescos.

Pero este aspecto cómico está unido a lo absurdo, a la

ausencia de sentido y al vacío de la existencia que hace de los personajes encarnaciones de la condición trágica del hombre moderno, condenado a buscar algún sentido, a esperar a Godot, sin conseguirlo.

En una carta a Michel Polac (enero de 1952), Beckett expresa su rechazo a atribuir un significado a la obra:

«No tengo ideas acerca del arte dramático. No estoy versado en él. No soy un asiduo al teatro. Esto es admisible. A la luz de tales condiciones, lo que quizás sea menos admisible es escribir una obra y, habiéndola escrito, no tener ni la más remota idea al respecto. Lamentablemente, ése es mi caso. No a todo mundo le es dado poder ir del mundo que se despliega en la página a ese otro de ganancias y pérdidas, y luego volver, imperturbable, como quien va del diario trajín a la ociosa charla de cantina. No sé más sobre esta obra que cualquiera que se las haya arreglado para leerla con atención. No sé con qué ánimo la escribí. No sé más acerca de los personajes que lo que ellos mismos dicen, hacen y les ocurre. En cuanto a su apariencia, creo haber dado ya lo poco que pude vislumbrar. Los bombines, por ejemplo. No sé quién es Godot. Incluso, sobre todo, no sé si existe. Y no sé si creen en él o no, los dos que le esperan. En cuanto a los otros dos que aparecen hacia el final de cada uno de los dos actos, debo haberlos puesto para romper la monotonía. He mostrado ya todo aquello de lo que pude darme cuenta. No es mucho. Pero a mí me parece suficiente, más que suficiente. Incluso, diría que me habría conformado con menos. En cuanto a la idea de encontrar en todo esto un significado más amplio y más profundo que pueda llevarse a casa después de la función, junto con el programa de mano y el palito de la paleta, no veo el interés en hacerlo. No obstante, debe ser posible».

PISTAS PARA LA REFLEXIÓN

ALGUNAS PREGUNTAS PARA PROFUNDIZAR EN SU REFLEXIÓN...

- Compare esta obra con *Fin de partida*. ¿El método de Beckett es el mismo? Justifíquelo.
- ¿Qué diferencia a esta obra del teatro clásico? ¿Qué hace Beckett con la regla de las tres unidades?
- ¿Podemos establecer un retrato tradicional de los personajes? ¿Se distinguen los unos de los otros?
- Los dos personajes principales son vagabundos. ¿Tiene esto un significado particular?
- ¿Cuál es el lugar del lenguaje en esta obra?
- Explique cómo está relacionado el nacimiento del teatro del absurdo con el contexto político.
- ¿Por qué podemos decir que los personajes son caricaturescos?
- Según su opinión, ¿por qué Beckett relaciona lo trágico con lo cómico?
- Compare esta obra con las obras de Adamov y de Ionesco. ¿Cuáles son sus puntos en común y sus diferencias?
- Esta obra ha tenido un gran éxito. ¿Cómo lo puede explicar?
- Como la acción es inexistente, si tuviera que representar esta obra, ¿cómo lo haría?

PARA IR MÁS ALLÁ

EDICIÓN DE REFERENCIA

- Beckett, Samuel. 1995. *Esperando a Godot*. Traducido por Ana Mª Moix. Barcelona: Fábula Tusquets Editores.

EN RESUMENEXPRESS.COM

- Guía de lectura de *Fin de partida* de Samuel Beckett.

ResumenExpress.com